GAËLLE GHESQUIÈRE • NAGUI

TARATATA 30

LE LIVRE D'OR DU CONCERT

Michel LAFON

Merci. C'est le premier mot qui me vient pour vous accueillir ici.

Les superbes photos de Gaëlle vont vous faire revivre sous un autre prisme ce *Taratata 30 ans*.

Jamais Gérard Pullicino, Patrice Cramer, Jean-Philippe Bourdon, Marie Prycko ni moi n'aurions cru porter cette folie musicale à ses 30 ans.

Merci à tous ceux qui ont fait que ce rêve devienne réalité, Jean-Jacques en tête.

Merci aux artistes qui sont un jour venus sur le plateau de *Taratata* et un grand merci à ceux qui sont venus sur ce grand plateau de 900 mètres carrés. Vous allez les admirer sous l'œil vif de l'objectif de Gaëlle qui a porté le projet de ce livre à bout de bras.

Merci aux 40 000 personnes dans le public qui ont acheté leur place sans savoir qui viendrait chanter, simplement en nous faisant confiance.

Un dernier mot: merci d'avoir acheté ce livre, car tous les bénéfices et droits d'auteur seront reversés à la Ligue contre le cancer, parce que trop d'amis de *Taratata* nous ont quittés à cause de cette maladie. Patrice bien sûr, mais aussi Dom, Christophe, Pascal, Jean...

Prenez soin de vous, de la musique, de ceux qui la font, de ce livre, de la vie. Sans vous rien ne serait possible.

Merci.

Merci pour votre fidélité
Sans vous rien ne serait possible

Nagui

30 ans ?! Taratata !!
Une flamme n'a pas d'âge !
Affectueusement
Jean-Jacques Goldman.

Le mot de Jean-Jacques Goldman pour le livre, le 30 avril 2024.

TARATATA
30 ANS D'ÉMOTIONS

UN GÉNÉRIQUE UNIQUE

Ce que j'aime le plus dans le générique de *Taratata*, c'est le début, tremblant et suspendu, comme un orchestre qui s'accorde, un truc qui plane… On ne sait pas où on va. J'aime bien l'idée de cet élan aveugle et résolu : «On ne sait pas où on va, mais ON Y VA!» puis tout explose et rentre bien dans la tête!

La manière dont le générique de l'émission a été créé est tout à fait surprenante. Seul un artiste de la trempe de Jean-Jacques Goldman était capable de relever un tel défi.
Un jour, je lui demande s'il peut créer un générique pour une émission musicale.
– Je n'ai jamais fait ça, réplique-t-il.
– Eh bien justement, c'est le moment ou jamais de te lancer!
Peu de temps après, il m'envoie une cassette DAT. C'était évidemment très bon, du pur Goldman, mais pas structuré comme un générique.
Je commence à lui suggérer:
– Je voudrais l'impression d'un orchestre qui s'accorde, des riffs de guitare comme dans le morceau «Quand la musique est bonne».
Des références qu'il capte immédiatement.
– Trois notes, quelque chose que l'on reconnaisse très vite, pour que l'on comprenne où on est, et qui sonne rock.
Jean-Jacques me répond avec flegme, sans hésiter:
– Bon, OK, je te fais ça courant janvier.
Je rétorque:
– Non, non ! On tourne dans dix jours.

Nous étions en pleines vacances de Noël. Jean-Jacques m'explique patiemment qu'à cette heure il fait du ski avec sa famille. Malgré cela, il a abandonné ses planches et ses bâtons, laissé famille et amis, et est rentré à Paris pour retravailler le générique. Je reçois une bande quelques jours après: exactement cette phrase musicale que nous avons gardée, la même depuis trente ans!

Bien des mois plus tard, Jean-Jacques me téléphone. En plein travail dans un studio, il me pose une question inattendue:
– Je prépare un nouvel album, et le seul gimmick qui me vienne en tête pour la guitare est celui de *Taratata*: est-ce que j'aurais le droit de m'en servir?
Stupéfait, je lui réponds:
– Mais il est à toi, c'est toi qui l'as créé!
– Oui, mais je te l'ai donné.
– Fais-en évidemment ce que tu veux, dis-je dans un grand éclat de rire.
La classe de l'artiste!

Ce gimmick revient sur la chanson «Rouge», de l'album éponyme très particulier de 1993, avec la présence des Chœurs de l'Armée rouge que son père écoutait quand il était enfant. Un symbole très puissant pour l'artiste.

LA NAISSANCE DE L'ÉMISSION

Le programme a été conçu dans ma cuisine à Joinville-le-Pont, avec Gérard Pullicino. La table était recouverte de carreaux de céramique avec des joints en ciment. Gérard a pris un crayon et a griffonné sur du papier en disant :
– On peut faire ça, et puis il est possible de faire ça.
Le support du projet portait les traces des joints du carrelage.
Notre raisonnement était le suivant : si les musiciens chantent en live, il faut qu'ils se regardent comme en studio, et qu'ils sachent qui fait quoi dans les improvisations, donc qu'ils soient disposés en cercle.
Moi, le menton dans la main, dubitatif :
– Mais s'ils sont en rond, où met-on le public ?
– Autour, répond Gérard.
– Et les caméras ? Où seront-elles placées ?
– Autour !
Tout est parti de là. Des cercles concentriques dessinés sur le carrelage d'une table de cuisine.

Nous sommes en septembre 1992, il n'y a plus aucune émission de variétés sur TF1. Pendant ce temps, France 2, partenaire de la tournée de Michael Jackson, devait, par contrat, produire une émission pour assurer la promotion de son concert de Vincennes. Nous avons bénéficié de ce concours de circonstances incroyable : une vraie chance !
Marie-France Brière, nouvelle directrice des programmes de variétés de France 2, nous invite, Gérard et moi, à réfléchir à un concept d'émission. Nous avons monté des bouts de clips en racontant la vie et l'œuvre de Michael Jackson, la diffusion a remporté 30 % de parts de marché. Marie-France s'est dit qu'un programme était à créer autour de la musique, le dimanche soir à 22 h 30. Et à brûle-pourpoint, elle nous demande :
– Qu'avez-vous comme idée ?

Gérard Pullicino et moi avons eu de longs conciliabules à bâtons rompus. De quoi avions-nous envie ? Une image nous est venue immédiatement à l'esprit : les duos de Maritie et Gilbert Carpentier, des variétés très populaires qui ont marqué le public pendant trois décennies. Ces duos peuvent paraître un peu old school, mais les artistes se regardaient, se trompaient, se reprenaient, éclataient de rire. Il y avait quelque chose de très convivial, vivant et généreux.
À cette époque, mon ami Alain Lanty, pianiste doué et compositeur de talent, venait très souvent à la maison. On se retrouvait autour du piano et on chantait à pleins poumons. Généralement en yaourt, car on ne connaissait presque pas les paroles des chansons. Autour d'Alain une bande s'était constituée, avec Florent Pagny, et Pascal Obispo encore totalement inconnu. Notre idée était de recréer cette ambiance-là ; le point de départ, c'était cette envie de chaleur, d'amitié et d'harmonie.

Il fallait beaucoup travailler la technique. L'éclairage, d'abord : un concert, un studio, des rencontres, ça ne s'éclaire pas comme à la télévision. Quant au son, pour qu'il soit bon, il faut prendre des techniciens de concert et non des ingénieurs du son de télé. Je n'ai rien contre ces derniers, mais il est évident que le mixage n'est pas le même selon qu'on gère trois ou quatre micros autour d'une table, ou quarante pistes à mixer. Notre ingénieur du son, Patrice Cramer, c'est Gérard qui me l'a présenté. D'une manière très électrique, notre premier rendez-vous a eu lieu à un concert de Michel Jonasz. De but en blanc, je lui confie :
– Je viens d'entendre le son dont on rêve pour notre émission. C'est quand même dingue que vous, les ingénieurs du son, par moments vous puissiez produire un son génial, comme tu viens de le faire aujourd'hui. En revanche, il y a une semaine, je suis venu dans cette même salle et le son était pourri.
Et alors Patrice me regarde, les yeux en canon de revolver, et dit :
– Eh bien c'était moi, et je t'emmerde.
Il tourne le dos, se lève et nous plante sur place. Interloqué, raide de confusion, je regarde Gérard qui s'écrie :
– Tu gonfles ! Tu ne peux pas te taire ?
Je ne savais pas que Patrice était aux manettes la semaine précédente ! Il avait un caractère bien trempé et c'est pour ça que je l'ai aimé tout de suite.

Je me souviens qu'on avait démarré en filmant tout le bordel qu'il y avait sur le plateau. Rien n'était rangé, l'espace était encombré d'appareils techniques, de matériel divers, de façon à montrer qu'on n'était pas dans une ambiance de studios télé mais de concert. Les câbles étaient omniprésents, on voyait tout l'envers du décor. Les gens du métier étaient très frileux à l'idée de participer à cette nouvelle aventure : nous sollicitions en vain toutes les maisons de disques, demandions à tous les artistes de venir sur notre plateau. Mais ce sont les bandes de potes, par connexions amicales, qui ont peuplé cette émission. Et celle-ci a bien fonctionné dès le début.

Je suis ravi de saluer particulièrement toutes les équipes techniques qui ont fourni un travail formidable pour la qualité du show. Pas une pose, pas une coupure de la première à la dernière note, ça a joué, chanté, jammé. 84 artistes donc 84 micros, chacun réglé sur mesure !

Yves Jaget, ici en répétition, a fait le son de ce concert. Il était de la première avec Patrice Cramer en janvier 1993.

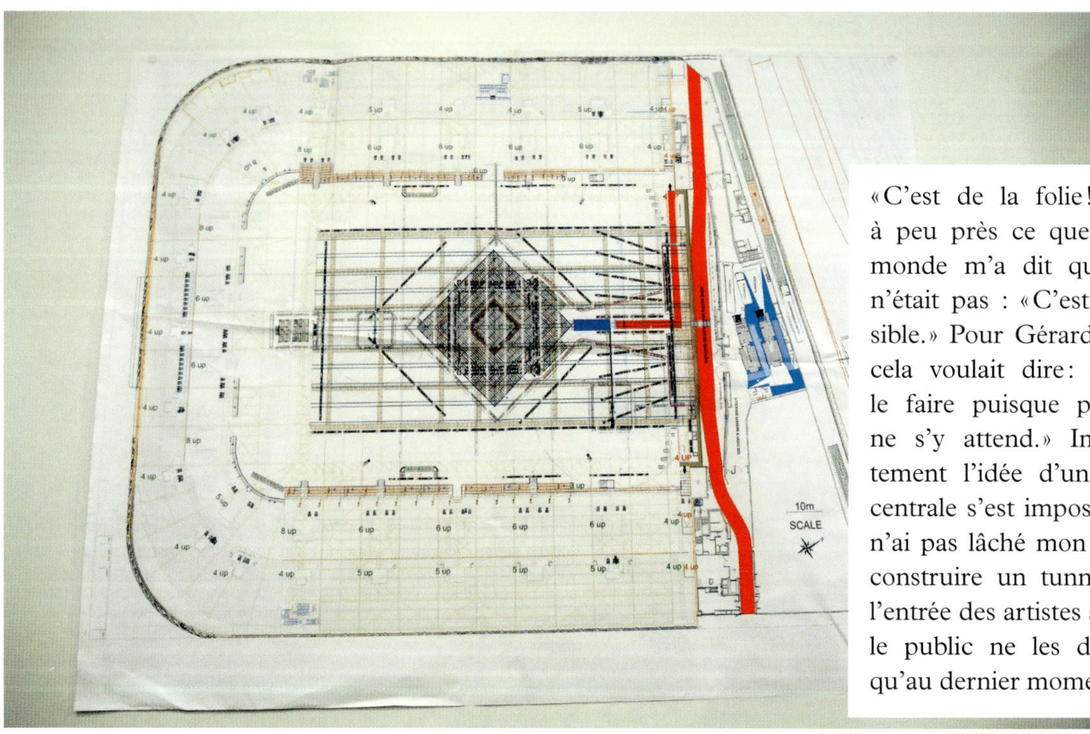

« C'est de la folie ! » C'est à peu près ce que tout le monde m'a dit quand ce n'était pas : « C'est impossible. » Pour Gérard et moi cela voulait dire : « Il faut le faire puisque personne ne s'y attend. » Immédiatement l'idée d'une scène centrale s'est imposée, et je n'ai pas lâché mon idée de construire un tunnel pour l'entrée des artistes afin que le public ne les découvre qu'au dernier moment.

UNE DEUXIÈME DIFFUSION EN PÉRIL

Pour la deuxième diffusion, nous avions prévu un artiste qui a eu la mauvaise idée d'avoir peur après avoir regardé la première. Il nous téléphone le lundi en claironnant qu'il ne vient plus. Par un effet domino, les artistes pressentis pour chanter des duos avec lui se rétractent, et tout s'écroule. Il n'y a plus personne. Donc lundi, mardi, mercredi, on appelle toute la planète musicale française. C'est NON, NON, NON et NON.
Le jeudi soir, veille du programme, en désespoir de cause, je passe un coup de fil à Jean-Jacques Goldman.
– Jean-Jacques, est-ce que tu pourrais venir ?
– Écoute, Nagui, j'ai accepté de faire le générique d'une émission qui s'appelle *Taratata*, ce qui est quand même un nom extrêmement pourri. Je ne suis pas en promo. Je n'ai pas Carole et Michael avec moi, je n'ai pas d'actualité… Rien à dire.
Donc le vendredi, toujours aucun accord de personne. Rien. L'aridité et l'étendue sans limite du désert. J'appelle la chaîne et j'explique que nous n'avons personne pour le numéro 2. Nous nous faisons incendier par la délicieuse Marie-France Brière. Un tapis de bombes nous carbonise. Elle décide qu'elle va diffuser un feuilleton en remplacement. Honte intégrale, morne désespoir.
Et puis vers 2 heures du matin, le téléphone sonne. Jean-Jacques Goldman :
– Je te réveille ?… Et si je viens seul avec ma guitare ? Vous pouvez tourner demain ?
Et là, à part pleurer d'émotion, je ne vois pas comment réagir…
Le lendemain en arrivant au studio il me dit :
– Est-ce que tu peux envoyer quelqu'un chercher Carole Fredericks, qui rentre du Texas, et Michael Jones, qui revient du ski, à Roissy-Charles-de-Gaulle ?
Ils viennent sur une parole, sur une amitié, sur une promesse. C'est un cadeau du ciel ! Rien que le fait de le raconter, j'en ai encore la chair de poule.

À DEUX DOIGTS DE DISPARAÎTRE

Dada, le régisseur, travaillait avec Christophe Dupraz ; pris d'une subite inspiration, ou voulant faire le malin, je suggère à celui-ci :
– Procure-toi un violon, parce que Jean-Jacques sait en jouer. Je lui ferai la blague de jouer comme sur « Comme toi ».

Christophe avait préparé l'instrument avec soin. Sauf qu'il l'avait accordé comme une guitare en *mi-la-ré-sol-si-mi* et pas comme un violon, en *sol-ré-la-mi*. Il y a eu un immense moment de solitude, dont j'ai eu l'impression qu'il avait duré deux heures. Jean-Jacques, très calme, saisit le violon et se met à l'accorder en nous expliquant que ça ne s'harmonise pas comme ça. Et il prend TOUT SON TEMPS pour le faire.

L'émission cartonne, évidemment, parce que les artistes étaient Jean-Jacques Goldman, Carole Fredericks et Michael Jones.

Le mardi, le téléphone sonne :
– J'ai appris par ma maison de disques que mes ventes ont augmenté de 25 à 30 %, alors qu'il n'y a plus aucune promotion, même plus de single en radio, rayonne Jean-Jacques.
Ravi, je m'écris :
– Génial !
– Non, tu ne comprends pas !
– Mais c'est super, que tu aies vendu davantage de CD !
– Tu ne comprends rien. Ton émission fait vendre. Maintenant tu n'auras plus à solliciter les maisons de disques ; tu attends, ce sont elles qui vont t'appeler.

Il avait raison.

DES IMAGES AUDACIEUSES

Nous nous sommes battus pour tout, pour le grain, pour le son, pour l'image… Particulièrement pour les pleins feux de Jean-Philippe Bourdon. On nous renvoyait la bande en disant :
– Il y a un problème technique, on ne peut pas passer ça, parce qu'à un moment donné tout est blanc, donc il y a un pépin.
Ou alors :
– Il y a une chanson qui est en noir et blanc, vous avez sûrement eu un bug technique.
Il a fallu expliquer que c'était de l'artistique, convaincre, écrire des lettres, faire de la pédagogie.

À la lumière, Jean-Philippe Bourdon était notre complice depuis des années. Il avait envie de pouvoir cramer l'image, comme si on prenait un flash dans les yeux, ou avoir la liberté de n'éclairer que la moitié d'un visage, de jouer avec le noir et blanc. Toutes ces idées-là, il ne pouvait pas les exercer ailleurs. Avec nous, il avait une totale liberté pour les tableaux, les couleurs, les contrastes qu'il voulait créer. Dès le début j'ai commencé à tenir un livre d'or, j'ai fait des photos, j'étais comme un gamin dans un parc d'attractions !

DES STARS…

Oasis, Gossip, Adele, Ben Harper, Muse, David Bowie, Barry White, Stevie Wonder, Björk, Deep Purple, Patti Smith, Cindy Lauper, INXS, Depeche Mode, Motörhead, The Kinks, Tina Turner, Lou Reed, Elvis Costello…

Peter Gabriel a été notre première star internationale. On a tourné un dimanche 1er mai, fête du Travail, donc le cachet a été multiplié par huit. Ça ne s'oublie pas. Sur le plateau, il y avait des musiciens venus de tous les pays du monde. L'artiste avait un casque équipé d'une caméra. Isaac Hayes n'avait pas d'accompagnateurs, donc nous avons engagé des musiciens en France et ils ont répété ensemble en studio.

Quand David Bowie est apparu, l'émission en était déjà au numéro 128. Bowie avait racheté les images qu'Éric avait montées à partir du morphing de tous ses looks. Il prétendait même acheter le master de l'émission, il voulait en être le propriétaire !

Tout le monde parle de *Taratata*, même les techniciens :
– Moi, j'ai fait une émission en France, je ne sais pas si elle existe toujours, mais au moins là-bas, on est sûr que ça se passera bien.
Ça s'appelle la réputation.

Des tonnes de matériel, pour la lumière, pour la vidéo, pour le son et pour jouer aussi. Pas une guitare ne sonne comme une autre, à chaque morceau sa couleur, son grain et donc sa guitare. La force de nos backliners est qu'ils travaillent sur tous les concerts de France, ils savent accorder en urgence une guitare, un violon, un cuivre, une batterie… Seul le piano a son accordeur particulier.

... ET LEURS CAPRICES

Lors de certaines périodes, on a galéré pour avoir du monde. À d'autres moments, nous avons peiné pour expliquer qu'il n'y avait pas de places. Et il y a même des artistes qu'on a mis à la porte ! Car nous avons subi des caprices de stars. Il me revient le cas d'une demande de sushis extrêmement précise et imposante : quatre makis comme ci, des sushis comme ça. Et les artistes concernés n'ont touché à rien. C'est l'entourage qui prête parfois aux stars des désirs, des caprices qui n'existent pas.

Les tensions, il y en a eu quelques-unes. En répétant sa première émission, à Saint-Ouen, Lenny Kravitz a détruit sa loge. Il avait piqué une colère homérique car, pendant sa chanson, il entendait les ordres de la lumière dans ses *ears*, ses oreillettes de retour son. Il sort du plateau et démonte sa loge : le lavabo, la table, les chaises, la porte. Il exige que l'émission ne passe pas tant qu'il ne l'aura pas visionnée.
Je suis allé le voir avec les vieilles bandes U-Matic. J'avais pris un lecteur professionnel. J'arrive à son hôtel. Il dit à peine bonjour. Il regarde, sans aucune réaction ; il regarde, il écoute attentivement tous les morceaux. À la fin son visage s'illumine d'un énorme sourire et il me prend dans ses bras.
– Formidable, je n'ai jamais fait un truc aussi bon !
Depuis il est revenu chaque fois qu'il le pouvait.

Je me souviens aussi de cet artiste que je ne nommerai pas. Le morceau démarre, il s'arrête brutalement et s'exclame : « J'ai envie de chier ! » Le mec s'éclipse et six cents spectateurs attendent que monsieur finisse de se soulager les tripes.

LES DUOS, L'ÂME DE *TARATATA*

Ils se regardent, ils échangent, ils se perdent dans les yeux de l'autre. Qui veut quoi comme passage ? Est-ce que tu es à l'aise, pas à l'aise ? Ça te va ? Tu as envie qu'on change de tonalité ? Qui va se mettre au service de l'autre ? Qui commence, qui finit ?
C'est toute une chorégraphie qui a sa dose de respect, sa dose d'amour, sa dose d'ego, sa dose de partage. C'est passionnant pour moi de voir le travail de construction d'un duo sur le plateau.

Dans les loges, ça joue, ça chante, ça se mélange entre eux, des rencontres se font. Et cela donne des histoires, ensuite, sur des concerts ou sur des tournées, un an ou deux après. Gaëtan Roussel me dit :
– C'est sur ce plateau que j'ai rencontré Soprano, avec qui j'ai ensuite fait un duo sur mon album suivant.
Ils ont parlé dans les loges, ils ont échangé des mots, des sensations, des impressions, un bœuf est peut-être né en coulisses et ça a produit une rencontre artistique et musicale.

Une trajectoire exceptionnelle s'est dessinée sur le plateau. Vianney a grandi avec l'émission autant qu'il l'a fait grandir : un jeune artiste arrive avec le statut de découverte, devient chanteur à part entière, puis crée lui-même un duo avant de culminer en vedette de l'émission. Son évolution se poursuit avec Ed Sheeran, à qui je lance un jour :
– Il y a un artiste français comme toi, seul à la guitare. Une rencontre avec lui serait passionnante.
Un beau soir, on les met en contact tous les deux. Ils décident de travailler ensemble sur une chanson d'Ed Sheeran, qui apprend alors phonétiquement les paroles en français pour chanter avec Vianney.

« Le duo te force à t'ouvrir », constate MC Solaar. Les trois quarts du groupe Téléphone se reforment pendant les répétitions d'un *Taratata*. « Des mises au monde à la télévision, on n'est pas dans quelque chose de surfait », s'exprime Jean-Louis Aubert. Hoshi balance : « Nagui est un chef d'orchestre et il te donne de bons conseils car il a une vision moderne de la musique et de la télévision, alors que ça fait trente ans que ça existe. » M résume : « C'est la sensation la plus libre que j'aie pu avoir à la télévision. »

2013 : *TARATATA* S'EN VA ?

Après avoir fêté nos 20 ans d'antenne, nous faisons les frais d'une chasse aux sorcières à France 2. Mon ami Jean-Michel Signoles m'a asséné un soir :
– Il y a des fondamentaux, certaines choses qui sont cultissimes. Tu pourras faire tout ce que tu veux, des jeux, des *Brosses à dents*, des *N'oubliez pas les paroles*, quand on voit ta tête, c'est *Taratata*. Ne lâche jamais.
Alors nous trouvons une solution : le site Vente Privée nous propose de nous diffuser. Nous bâtissons l'émission sans passer sur aucune chaîne de télévision, en nous distribuant uniquement par internet. Deux ou trois millions de gens nous suivent. Nous vivons par cet autre réseau.
En 2015, la toute nouvelle présidente de France Télévisions, Delphine Ernotte, m'annonce :
– Vous revenez.
L'émission est de retour en prime time (elle insiste) sur France 2 et on crée un événement avec un très grand succès d'audience ! Résurrection. *Taratata* se réveille après un long sommeil, comme dans un conte de fées.

Le 12 mai 2016, moins d'un an après le retour de *Taratata* à l'antenne, Patrice Cramer, notre ingé son, nous quitte des suites d'un cancer. L'équipe est une famille stable et unie, et la disparition d'un des membres de cette tribu nous rapproche encore davantage. Quand Patrice est parti, on s'est posé la question de continuer ou de tout interrompre. Et évidemment la réponse était de poursuivre le travail pour lui. Patrice me manque, et je ne crois pas que l'émission survivrait à un autre départ. Une nombreuse escouade gravite autour de nous depuis vingt, vingt-cinq ans et c'est devenu maintenant un plaisir de s'activer ensemble. Il y a de la fatigue, de l'énervement, des tensions, il y a du trac, de l'angoisse mais QUELLE CHANCE ! On aura au moins réussi ça dans notre vie.

Gérard Pullicino cite Einstein :
– « La créativité, c'est l'intelligence qui s'amuse. »
Et pendant toutes ces années, on s'est amusés.

UNE FÊTE D'ANNIVERSAIRE MÉMORABLE

Pour marquer les esprits, il fallait trouver une manière particulière de célébrer nos 30 ans. Aucune bouffée de mégalomanie dans le choix de la Défense Arena. Mon souhait était de récolter un million d'euros au bénéfice de la lutte contre le cancer. Et pour que les places ne soient pas trop chères, mécaniquement il fallait tabler sur un lieu accueillant trente ou quarante mille spectateurs. *Taratata* est une émission ovni, très proche du concert. C'est du partage, de l'harmonie.

Neuf cent cinquante personnes ont travaillé pour préparer cette soirée. Le spectre des styles musicaux a été élargi, sans promotion, juste pour le plaisir. La musique ne s'arrête jamais pendant trois heures, toutes les chansons s'enchaînent. Quatre-vingt-quatre artistes se succèdent, s'entrecroisent.

La personne qui, dans mon esprit et dans mon cœur, a le plus marqué cet anniversaire des 30 ans est forcément Jean-Jacques Goldman. Il m'a offert le meilleur générique au monde, il a sauvé l'émission alors qu'un feuilleton allemand allait pallier des annulations successives. Quand je lui ai proposé d'apparaître à la fête des 30 ans, il m'a répondu :
– 30 ans, ce n'est pas un anniversaire, mais 50, oui.
En me disant non, il a réussi à me faire rire.

ET MAINTENANT…

Est-ce qu'on aura le courage d'arrêter *Taratata* ? Parce que c'est précieux d'être maître de son destin et de décréter soi-même de lancer le clap de fin. Mais… *Taratata*, c'est notre bébé. Il ne faut pas y toucher.

TARATATA
30

TARATATA
30
CUPRA
PARIS LA DEFENSE

30
SORTIE

ZAZIE
JEAN-LOUIS AUBERT
RAPHAËL
AXEL BAUER

Zazie bien sûr, comme Lavilliers, deux piliers de la musique qui ont été là dès la première. Pour Jean-Louis c'était plus : « Je viens, évidemment. Non, je ne viens pas. Bon, OK, mais pour faire quoi ? Et avec qui ? », suivi d'un grand éclat de rire. Ensuite les affinités font le reste. Le plus drôle a été de convaincre Raphaël de se lever et de jouer du tambourin.

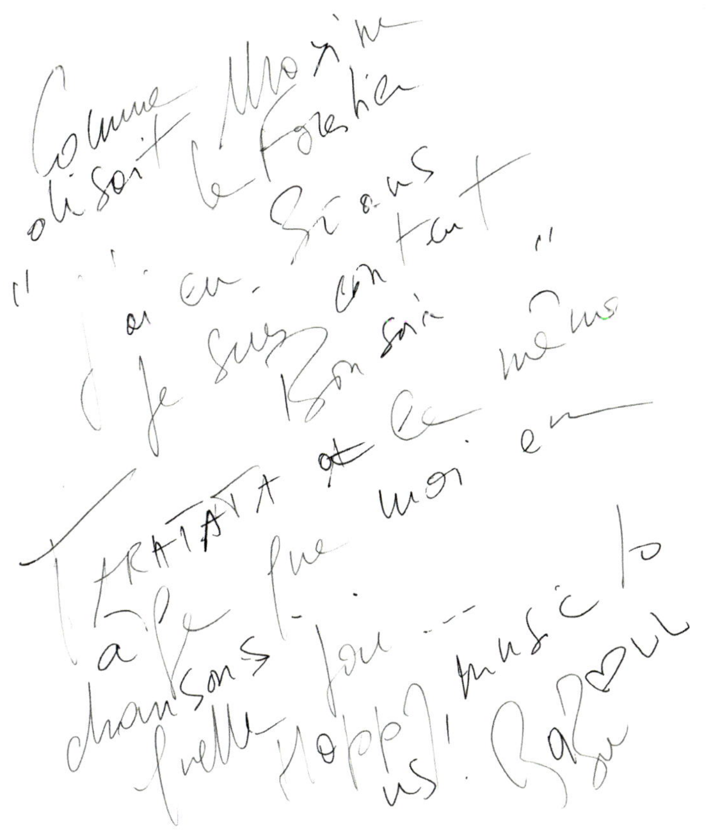
Comme Maxime disait le Forestier « J'ai eu 50 ans je suis content » Bonsoir TARATATA et en même temps que moi a fait ses chansons… quelle joie… Happy music to us !

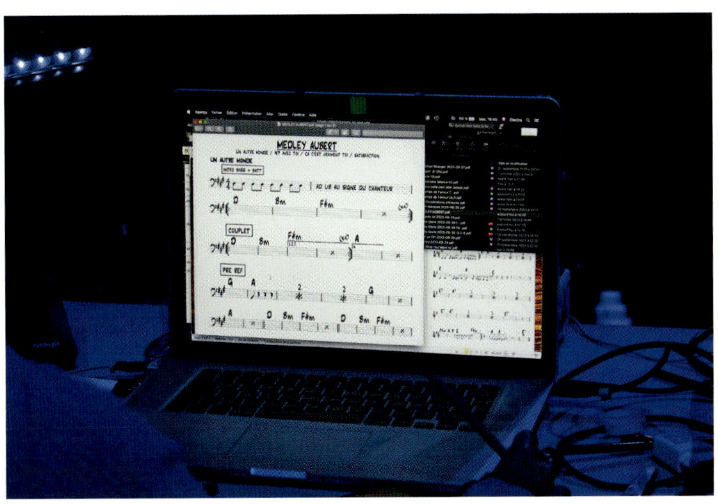

Mon Poto
Merci pour toutes
ces années !!
de musique...
à Tomatahohille
Bises
Gilles

2023

> Pour moi, *Taratata*, c'est 30 ans de carrière, du live et de l'amour.

ZAZIE

30 ans c'est vieux. 40 c'est mieux.

TARATATA 30
TARA

« *Taratata,*
c'est la vie. »

GÉRARD PULLICINO

VÉRONIQUE SANSON VIANNEY MARC LAVOINE GRAND CORPS MALADE

À la fin de son concert à Ramatuelle, on s'est parlé dans sa loge et immédiatement elle a choisi la chanson qu'elle ferait. Ensuite c'est facile de lui trouver des partenaires : tout le monde aime chanter avec Véro ! Clin d'œil à Vianney qui sur ce morceau a géré avec classe et en véritable producteur la situation en plein live !

Bravo pour les Trente ans de TARATATA !!
Quelle ambiance !
Mille félicitations !
Véronique Sanson

Joyeux anniversaire
Taratata
amitié fidèle
[signature]
2023

30 ans ?
Tu mens Nagui, tu as un peu plus.
Bon anniversaire !
[signature]

> *Taratata*, c'est des potes. Si tu n'as pas le truc en faisant l'émission, c'est pas bon signe.

GRAND CORPS MALADE

Depuis l'enfance
je nous sais liés !
Merci Taratata

CUPRA
PARIS LA DEFENSE ARENA
deezer
hauts-de-seine

PARIS LA DEFENSE ARENA
CUPRA

JULIETTE
ARMANET
JAIN
JEANNE
ADDED

Juliette a choisi le titre et ses partenaires avec beaucoup de respect et de talent. Elles ont mouliné, réfléchi, produit, assuré. Les 3J ont ensorcelé les quarante mille personnes.

Joyeux Anniversaire
à Taratata !

Merci d'exister,
(Joyeuses fêtes aussi)

Jain

♡ ! Happy Thirty ! ♡
! TARATATA !

30 ans, c'est jeune et vieux à la fois… c'est suffisamment d'années passées à chanter, à danser, à vivre la musique à fond pour dire UN IMMENSE BRAVOOOOOOOO !
J'ai été personnellement très émue, fière de participer, à mon échelle à cette superbe histoire.
Merci, enfin, pour les bras ouverts et le cœur grand.
♡ AMOUR TOUJOURS. ♡ Juliette

music live
pour toujours !
merci bravo et
joyeux anniversaire !!
love,
Jeanne Added
xxx

« C'est beau, c'est émouvant. »

JULIETTE ARMANET

EDDY
MITCHELL
THOMAS
DUTRONC
AXEL
BAUER
PAUL
PERSONNE

Avec Eddy c'est à la fois simple et pas du tout. Il sait ce qu'il veut – du blues – et avec qui – Paul Personne, Axel Bauer et Thomas Dutronc. Mais lorsqu'au début des répétitions de son titre il quitte le plateau en disant «c'est bon pour moi», j'ai cru qu'il partait saoulé par les réglages. Ce n'est jamais simple dans une grande salle et là, c'est LA salle, la plus grande d'Europe : la Défense Arena. Manu Virot et moi n'avons pas le sourire en voyant Eddy quitter le plateau. Limite inquiets. Eddy est revenu le soir et a reçu une standing ovation très émouvante de la part des quarante mille personnes. Le son d'Yves Jaget était top et Eddy, ravi, même si je ne crois pas le revoir dans une salle de cette taille - alors qu'il pourrait la remplir pendant dix soirs vu l'amour du public.

30 ANS
De Musique Live
De Belles Rencontres
De Duos Epiques
De Plaisirs Partagés
GRACE A vous
En Souvenir de ces
bouts d'vie inoubliables
MERCI TARATATA
Paul !!!

Vive Taratata -Yoyo!

Ha ha! Non

mais bravo,

continuez comme

ça...

Et vive

l'international

Happy
Birthday
Taratata
[illegible]

Et toute cette Soirée
De Bonnes Choses. A Bientôt.

SHARLEEN SPITERI
GAËTAN ROUSSEL
MATHIAS MALZIEU

J'appelle Gaëtan qui en une seconde accepte l'invitation, mais que faire de nouveau ? Je lui rappelle le duo de groupes que Louise Attaque et Dionysos avaient déjà fait sur « Song 2 », mais sa réaction est immédiate : si on l'a déjà fait il ne faut pas le refaire ! Quelques jours après il me propose un trio de groupes en invitant Texas et Sharleen, son amie. Le sommet est atteint avec le choix de « Siffler sur la colline » et, surtout, Sharleen qui chante pour la première fois en français avec un prompteur du texte dans une phonétique très, très relative. Moment culte pour moi.

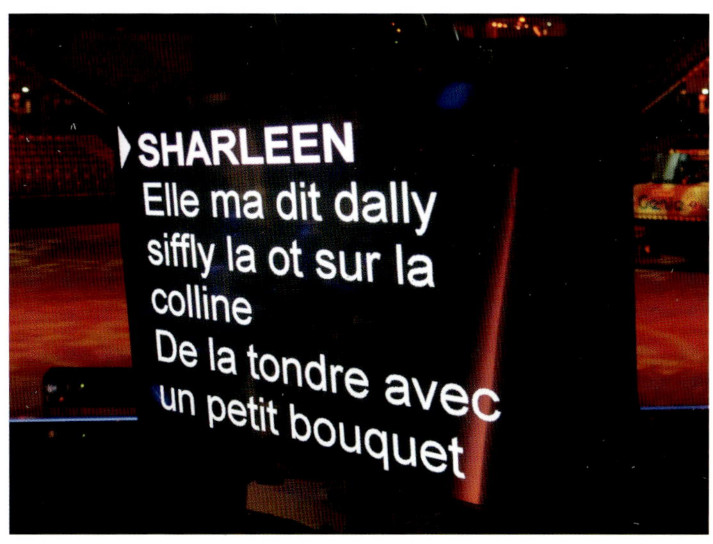

TOM BOY

Merci Taratata
et très joyeux Anniversaire ♡
Babet

Un grand merci pour l'invitation
à cette très belle fête d'anniversaire.
Longue vie à Taratata!
Stéphan ♫

30 ans,
C'est jeune —
A tout de suite
TARATATA
Bel anniversaire

HAPPY 30 BIRDS DAY BEL OISEAU TARATATA!

Dyonisos

> Taratata,
> c'est le partage,
> la découverte
> et c'est la passion.

GAËTAN ROUSSEL

PARIS LA DEFENSE ARENA
PARIS LA DEFENSE ARENA
PARIS LA DEFENSE

PARIS LA DEFENSE ARENA
CUPRA
CUPRA
CUPRA
deezer

MARIE-FLORE
SUZANE
JULIEN
CLERC
SANDRINE
KIBERLAIN

Un trio de femmes entourent Julien, accompagnées par un quatuor de femmes aux cordes pour une chanson d'amour reprise par tout le public, «Ma préférence».

Joyeux Anniversaire
aux 30 ans de
Taratata !
A part dans
nos cœurs !
pour toujours !
Jusqu'à 120 ans !
Merci Nagui et toute
l'équipe !
Sandrine Kiberlain

Joyeux
anniversaire
Taratata !

30 ans que ma
mère vous
regarde !

♡ Dizane

Bon anniversaire
de tout cœur à
L'Émission musicale
de la télé

Amitiés

Julien Clerc

Longue vie à Taratata ♡
Merci pour cette immense
fête et pour vos nombreux
accueils ♡
À très bientôt ♡
Marie-Flore

ED SHEERAN

Il a été le premier à me dire qu'il viendrait ! Je lui en ai parlé six mois avant, tout était encore secret. Il me dit qu'à cette date-là il ne fera plus rien, je prends cela comme un refus. Et il ajoute : « Donc je suis libre, je viens ! » Il a convaincu sa femme de venir passer deux jours à Paris en amoureux, mais en lui précisant qu'il avait l'anniversaire d'un pote auquel il devait se rendre. Lui est un amour et elle aussi, elle ne m'en veut pas.

> Avec Taratata,
> on est libre, on fait ce qu'on veut.

ED SHEERAN

Tarantula
You must know my
love by now
Steven x

TRYO

ALAIN CHAMFORT

SHEILA

ADRIEN
GALLO

CATS ON TREES

JULIE
ZENATTI

TARATATA
CALI -

Construire un tableau sur chaque période musicale était aussi un défi de cette soirée pour que toutes les musiques soient au rendez-vous. En proposant des titres aux artistes, les recontres se font naturellement : Christophe et Daniel de Tryo, Alain Chamfort, Nina et Yohan de Cats on Trees, Julie Zenatti, Adrien Gallo et bien sûr Sheila. Elle fait la vanne sur sa dédicace en écrivant « Spacer », parce qu'en découvrant la présence de Nile Rodgers elle ne comprend pas pourquoi je ne lui demande pas de faire « Spacer »... Plus le temps de répéter, plus de place dans le conducteur. Détail important : on était obligé de finir le show à 23 h 30 sous peine d'amende de la préfecture. Désolé Sheila, et à vite !

Mon cher Naguy
oui oui oui !!
A vite
Joyeux Taratata
Des
Bisous
(Space) Sheila

Bon
anniversaire
Taratata
Merci
de faire vivre
la musique ♡

Joyeux
Anniversaire
Taratata !!!
Et Merci pour
tout [illegible]

Nina

Cats
on Trees

Joyeux Anniversaire TARATATA !!!!
Un Concert à couper le souffle
pas pratique pour éteindre 30 Bougies !
Merci et bravo à toute l'équipe.
Fidèlement,
Alain Chamfort

Gracias por
tanta emocion !!
Para 30 AÑOS MAS...

Un immense Merci pour
ces 30 années de
Musique et d'AMITIE !

> Taratata laisse place à l'authenticité de ce que sont les gens.
>
> ALAIN CHAMFORT

TARATA

TA 30

PASCAL OBISPO CALI JENNIFER AYACHE YAROL POUPAUD

Mettre le feu sur scène et à la télé, c'était l'envie. C'est devenu le logo des 30 ans. Comment ne pas demander à Pascal de l'allumer avec des amoureux du rock : Cali, Jennifer et Patrice de Superbus, et bien sûr Yarol Poupaud qui l'a joué avec l'idole.

Bon Anniv,
Taratata !
C'est si beau 30 ans !
Jenn SUPERBUS

30 ans putain !!!

Merci TARATATA

Merci NAGUI

KEEP ON ROCKIN'

TOO FAST TO LIVE

“Taratata, c’est nous.”

PASCAL OBISPO

OLIVIA RUIZ FÉFÉ HERVÉ BERNARD LAVILLIERS

Bernard Lavilliers, le parrain, le fou qui a dit oui pour la première il y a 30 ans, celui qui n'a peur de rien. La scène est son monde, il sait choisir les titres et les jeunes artistes pour que ça sonne comme il veut.

Joyeux Anniversaire
Taratata!! 30 ans vous
les faites même pas!!!...
C'était votre anniversaire et c'est
vous qui m'avez fait un cadeau:
partager la scène avec Nile Rogers!!
Merci

Taratata
Une fête et des risques
pour la 30ème
Tout le gang était
là.
Le parrain historique
B. [illegible]

Mei Tanaka

Bon Anniv

Tatata !

[illegible]

CHARLIE WINSTON
M
EMMA PETERS
IBRAHIM MAALOUF

Le cadeau! Matthieu voulait faire plus qu'un medley ou une reprise: il a créé un texte uniquement pour ce concert des 30 ans, sur une musique de Supertramp. Ensuite il a réfléchi à inviter ceux qui seraient le mieux pour les voix et pour le clavier… Emma et Charlie. Ils ont travaillé, retravaillé, sauf Ibrahim qui a «juste» improvisé le soir même, et c'était magique.

Merci pour ces 30 ans de Bonheur!

-M-

FOREVER.

Un très bon anniversaire !
Merci pour l'invitation.

HAPPY VOUS
TARATATA !

EMMA PETERS

> « Taratata, c'est jouissif, c'est casse-gueule aussi, c'est unique, y en a pas deux comme ça ! »
>
> M

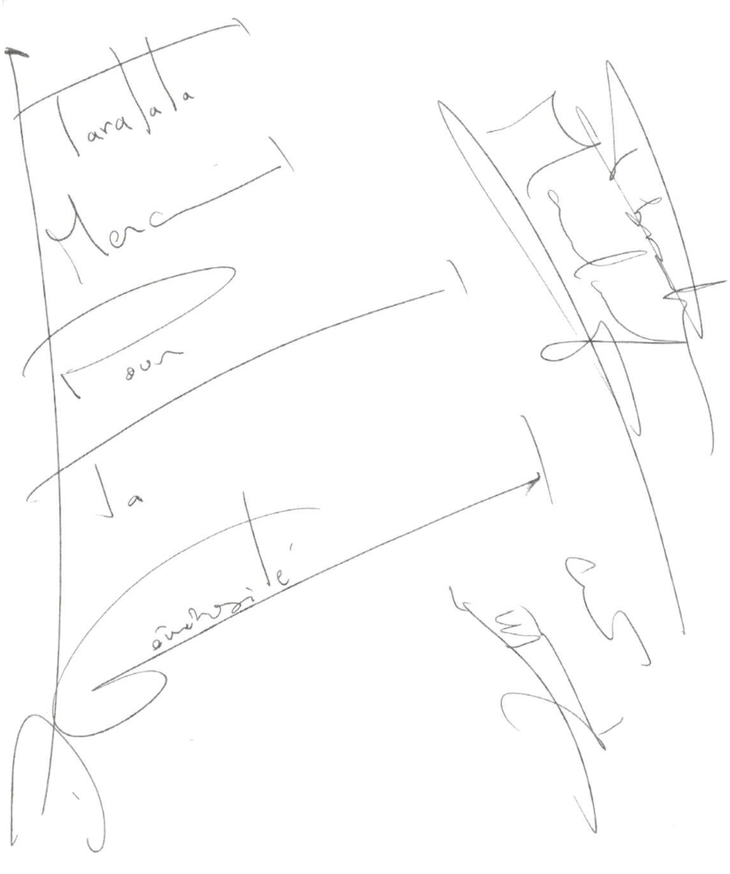
Taratata
Merci
Pour
la

0-A-39.1

AMANDINE BOURGEOIS SKIP THE USE ZUCCHERO KIMBEROSE

Je me demande s'ils se connaissaient avant de monter sur cette scène… Faire un medley, trouver sa place et se produire ensemble ! Leur point commun : la puissance sur scène. Ça a envoyé grave !

Un immense Merci TARATATA
30 ans de bonheur et de Rock'n'Roll
Je vous aime
pour encore 30 ans de plus !!!...

Amandine Bourgeois

To Tonetete

"In Blues We Trust"

Ciao

Pareil !

Bon Anniversaire !!

Youpi !!

Bon anniv

Merci de t'avoir

SUN OF
A BITCH

Immense bonheur
et fierté d'avoir
été avec vous
pour fêter les 30 ans...

MERCI TARATATA

It's all Love

Kimberose

HOLLYSIZ
YAEL NAIM
LAURENT VOULZY
RAPHAËL

Quand j'ai appelé Laurent, il m'a parlé de ce groupe, America, que j'adore. Il a choisi ses invités et, comme d'habitude, il a flippé jusqu'au bout, perfectionniste qu'il est. La douceur et le talent sont les points communs de Yael, Cécile, Raphaël et Laurent. Leurs voix nous font voyager, limite planer, et ça fait du bien.

Aux 30 prochaines !

VIVA TARATATA

Hollysiz

Nagui
Mon Ami
Love sincère

Laurent Voulzy

“Taratata, c’est historique.”

RAPHAËL

Happy 30 years
BirthDAY Dear
TARATATA
I'm so happy you exist
and please Never STOP.!
♡
Love you Forever

TARATATA
0-A-5

MENTISSA
PIERRE GUÉNARD
VIANNEY
CHARLIE WINSTON

Vianney était parti pour faire une autre chanson, plus calme. N'étant pas convaincu, je l'appelle pour lui demander s'il est sûr de ce choix, parce qu'on sera à la Défense devant quarante mille personnes ! « Quoi ? Je ne le savais pas, je n'ai pas lu mes mails. OK, on va mettre le feu ! » Chose faite.

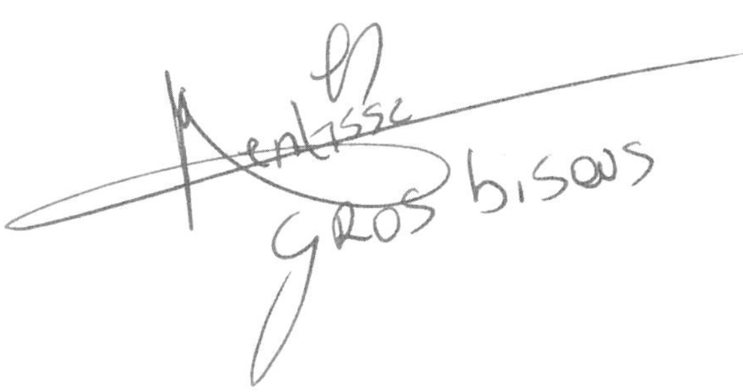

Nagui,
Pas de mots pour décrire
ce moment... !
Gravé à vie, merci merci merci.
Putain quel KiFF !
Je t'embrasse.
Pierre [illegible] ♡

Parapluie

HOSHI
ZAZIE
SANTA
THOMAS DUTRONC
EDDY DE PRETTO

Une « Foule sentimentale » autour de la patronne, Zazie, qui a tout géré, tout décidé et toujours en faisant une belle place à ses invités : la classe. Chacun a sa place, son identité vocale et faut voir comme on nous chante…

Bon anniversaire ♥

Joyeux
30 ans
à Taratata
et bravo à toi Nagui
pour la passion de la musique
Eddy de Pretto
<3

SANTA

PARIS LA DEFE

CLAIRE KEIM AXELLE RED MC SOLAAR PATRICK BRUEL

Tous réunis autour de l'amour de « La Javanaise » de Gainsbourg. Malgré leur calendrier, leurs occupations (Claire et Patrick en tournage, Axelle et Claude en studio) ils ont tenu leur promesse de venir.

[illegible] et merci MAMAN

[illegible]

Merci pour ce que vous apportez à la musique

et votre fidélité pour moi

[illegible]

Tellement de souvenirs
Tellement de partages...
Quelle Belle Histoire...

HAPPY 30 !

JOYCE JONATHAN
LA GRANDE SOPHIE
VINCENT DELERM
CLAIRE KEIM
CALI
PATRICK BRUEL
MICHEL JONASZ

Vincent ouvre ce tableau seul au piano, avec sa voix en off qui traduit sa peur de chanter devant quarante mille personnes dans une immense salle. Son talent a permis de tous nous retrouver autour de son piano, de tous chanter ensemble comme si on était dans son salon. Chapeau. Un medley où Claire se révèle en chantant «Résiste», Joyce fait frissonner «Petite Marie», Sophie assure les Bee Gees à elle seule, Patrick fait ce qui lui plaît, Cali flirte avec le public… et ce medley, initialement prévu et construit par les vingt-huit musiciens dirigés par Romain Theret et Guy Delacroix, s'est improvisé au final en hommage mérité à Michel Jonasz.

C'est magnifique
30 ans
ce bel âge
Joyeux anni
oui, je suis
on est contents
d'être là

Une soirée hors du commun
pour un Nagui hors du commun,
Une équipe hors du commun
et le meilleur public du monde.

Merci pour les émotions
et les frissons,
J'étais ravie de venir fêter vos
30 ans!!!
Joyeux anniversaire Taratata

Joyce Jonathan

TARATATA
30
C.MALI – DANIEL (Tryo) – CALI –
YOHANN – PATRICE
TARATATA
30
Y.POUPAUD

30 ans !

Quel Bonheur
et quels souvenirs
Avec Taratata !!
Merci pour
ces belles années !!
Michel Jonasz

TARATATA
100%LIVE

NILE RODGERS MC SOLAAR SLY JOHNSON FÉFÉ BLACK M OLI

Un des temps forts de la soirée, après avoir réussi à convaincre Nile Rodgers de venir : j'ai voulu me faire plaisir en invitant plusieurs rappeurs français sur le pont musical de «Good Times» de Chic, qui est la ligne de basse du premier rap de l'histoire. J'avais envie de leur faire ce cadeau, de ne rien leur dire et qu'ils découvrent au dernier moment avec qui ils allaient jouer. Nile a eu l'élégance d'accepter. J'ai demandé aux cinq rappeurs de travailler chacun sur un nombre de mesures données et ils savaient simplement qu'il y aurait un groupe pour les accompagner. Ça, c'est fait et ça fait du bien ! Mais où est Flo ?

HAPPY 30 YEARS
NAGUI.
FROM
Nile Rodgers

Happy Birthday

[illegible]

Sly

[illegible]
LES YEUX PLUS
GROS QUE NAGUI !

FLO TÉS OU ?

OLI

PUTAIN !

CHUI PLUS JEUNE QUE TARATATA

Tous pour la musique!

Claude MC Solaar

PUTAIN !

CHUI PLUS JEUNE QUE TARATATA

FLO T'ES OÙ ?

OLI —

Tous pour la musique!

Claude Mc Solaar

PARIS LA DEFENSE
CUPRA

SHAKA PONK
M
ZUCCHERO

Les Shaka ne font jamais simple mais leurs passages sont toujours incroyables ! Dans la liste de ceux qui venaient, le nom de Zucchero a marqué les esprits et Frah a proposé «Devil in Me» au milieu d'un «Sympathy for the Devil» diabolique en tous points puisque les riffs de guitare de M sont venus lacérer le medley.

GIVE

TARATATA 30
TARATATA 30

TARATATA 30

REMERCIEMENTS

J'ai commencé par des remerciements… autant finir avec !

Merci à mes parents et mon frère qui m'ont transmis les valeurs qui me portent et qui m'ont permis de ne jamais rien lâcher. Merci à ma femme et mes enfants qui me poussent à faire mieux tous les jours, notamment avec les vannes que je me prends.

Merci à Gérard, « l'autre papa de *Taratata* », génial réalisateur, musicien, visionnaire de l'image et du son, le meilleur ami qui existe sur terre. Sans lui rien ne serait possible.

Merci à tous Les Gens d'Air qui acceptent de partir dans tous les projets les plus fous et qui forment une équipe de rêve.

Merci à tous les techniciens, tous les musiciens, tous les artistes qui rendent « Taratata » toujours aussi magique.

Merci à mon partenaire Stéphane Courbit pour son élégance, sa fidélité, son soutien.

Merci à tous les patrons qui ont soutenu *Taratata* : Marie-France Brière, Pascal Josèphe, Bibiane Godefroy, Michèle Cotta, Philippe Chazal, Patrice Duhamel, Patrick de Carolis.

Merci à Thierry Thuillier et Bruno Patino d'avoir supprimé *Taratata* en un claquement de doigts. Grâce à eux j'ai compris l'attachement du public pour cette émission avec une pétition de soutien impressionnante. Cela m'a permis de rencontrer Xavier Court et Jacques-Antoine Granjon, qui ont maintenu *Taratata* en vie grâce à la force de diffusion du site Vente Privée – merci les gars.

Bien sûr, un immense merci à Delphine Ernotte et Stéphane Sitbon qui ont fait renaître *Taratata* et qui m'ont poussé à faire régulièrement de grands shows. Leurs regards, leurs sourires et leurs commentaires à la fin de ce concert des 30 ans ont été une formidable récompense humaine.

Merci à vous pour votre fidélité.

Merci Gaëlle Ghesquiere de m'avoir saoulé pour que ce livre se fasse !

NAGUI

Merci Naguiiiiiiiii pour ta confiance et ta bienveillance. J'ai beaucoup de chance ! J'ai travaillé dans des conditions extraordinaires.

Les équipes d'Air Prod pour leur accueil.

Cyrille aka « Pocket Call » et Lisa « Mais pourquoi ? ».

Françoise Doux, « The » attachée de presse.

Jean-Jacques Goldman, Alexis Grosbois et Mimi Morlet. Caméra Christophe.

Patrick Mahé et Mick. Les éditions Michel Lafon : Elsa Lafon, Marie Dreyfuss et Élise Pierrelée.

Marie-Laurence Gourou, Marie-Mad Gutlé, Linda Millogo, Nicole Mateescu, Sergio Yanian et Victoria, Fabrice Epstein.

Ma tatie.

Ma mémé †.

Bon c'est vrai, j'ai saoulé Nagui, mais si c'était à refaire je ferais tout pareil : ne jamais lâcher ! Pour vous offrir en partage les moments fabuleux d'une émission culte.

GAËLLE

GAËLLE GHESQUIÈRE

La photographie rock est loin d'être une vocation pour cette native de Maubeuge dans le Nord, titulaire d'un DEA de Lettres sur l'*Aspect ethnolinguistique* du parler *wallon-picard.* Elle effectue un stage en parallèle de son hypokhâgne au service médias du *Figaro* et de *France-Soir.* Gaëlle Ghesquière est intronisée photographe par les membres des Red Hot Chili Peppers eux-mêmes sans le vouloir, intrigués par son Instamatic à la fin des années 90. Elle est remarquée par Philippe Manœuvre et collabore à *Rock&Folk* ainsi qu'à bien d'autres médias. Grâce à sa capacité de saisir les émotions, de nombreux artistes ont, à un moment donné, croisé l'objectif de la photographe : David Bowie, Bob Dylan, Madonna, Bruce Springsteen, Michael Jackson, Patti Smith, les Rolling Stones... Elle réalise des pochettes d'albums pour NTM, Deftones, etc.

Parmi les livres qu'elle a publiés on retient *All Access* aux éditions du Collectionneur, *Ben Harper en Live* chez Flammarion, *Who's Rock?* chez Albin Michel, *Rock With Me* chez La Martinière, *Benjamin Biolay, scène avec vue* chez Hachette, *NTM That's My People* chez La Martinière, *The Rolling Stones* chez Plon.

Elle est élevée au grade d'Officier des Arts et des Lettres le 2 juillet 2024 par Madame la Ministre de la Culture Rachida Dati.

www.gaelleghesquiere.com

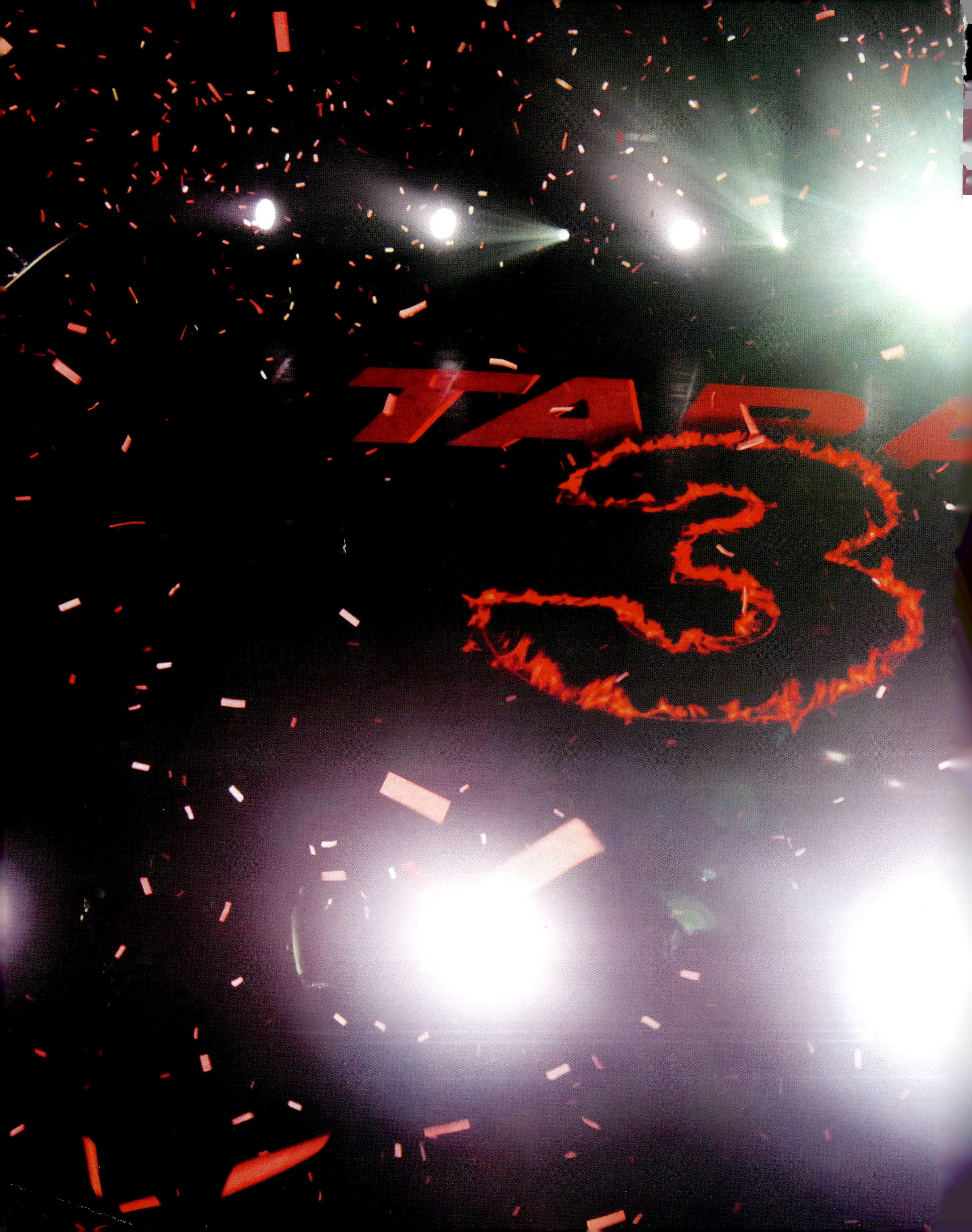

TATA

C'EST
ALRIGHT

PHOTOGRAPHIES
Gaëlle Ghesquière

TEXTES
Nagui

DIRECTION GÉNÉRALE
Elsa Lafon

DIRECTION ÉDITORIALE
Marie Dreyfuss

CONCEPTION GRAPHIQUE ET RÉALISATION
Élise Pierrelée

CORRECTION
Clara Féquant

PRESSE
Françoise Doux

FABRICATION
Christian Toanen et Nikola Savic

PHOTOGRAVURE
Les Caméléons

14, boulevard de la Madeleine
CS 62204
75373 Paris cedex 08

ISBN 13 : 978-2-7499-6006-7
Dépôt légal : novembre 2024
LAF 3547

Achevé d'imprimer en Espagne par Egedsa